FUNDAMENTOS E DESAFIOS NA INTERNACIONALIZAÇAO DE ATIVOS

Publicado por CIBE Portugal
Spacio Shopping - Rua Cidade de Bolama 4 - 1800-079 - Lisboa

Copyright ©2019 – CIBE Editorial
Primeira Edição em Português 2019

Todos os direitos em língua portuguesa reservados por CIBE Brasil

PROIBIDA A REPRODUÇÃO DESTE LIVRO POR QUAISQUER MEIOS, SEM A PERMISSÃO ESCRITA DOS EDITORES. SALVO EM BREVES CITAÇÕES COM INDICAÇÃO DE FONTE.

Diagramação: CIBE Editorial
Capa: Wladimir Dias
ISBN: 9781797646220

E-BOOK
ASIN: B07NYTNTML
AMAZON LCC
WORLD

Dados Internacionais para Catalogação na Publicação (CIP)
(Câmara Brasileira do Livro, SP, Brasil)

Ref. Empreendedorismo - 2019

_____CIDD: 248_____

VALDIRENE DIAS

FUNDAMENTOS E DESAFIOS NA INTERNACIONALIZAÇAO DE ATIVOS

VOLUME I – SÉRIE EMPREENDORISMO

6

Porque seus negócios precisam de elos
entre pessoas e suas empresas.

AUTORA

VALDIRENE DIAS

Gestão Empresarial com foco em Internacionalização de Ativos

Nascida em São Roque, SP, graduada em Ciências Econômicas pela Universidade de Sorocaba, UNISO, SP, em Ciências Contábeis pela Faculdade de Administração e Contábeis de São Roque, UNINOVE, SP, em Ciências Políticas pelo Instituto Brasileiro de Formação, IBF, SP, Pós Graduada em Controladoria pela Fundação Alvares Penteado - FECAP, SP, Especialização em Finanças pela FGV, Campus RJ, Coatching em Gestão de Empresas pela Faculdade Sul Mineira,

Com mais de 30 anos de experiências em empresas nos Estados de São Paulo, Minas Gerais, Bahia, Brasilia e Espirito Santo, desenvolveu ao longo desses anos excelentes trabalhos de valorização de marcas e produtos criando uma atmosfera positiva nos resultados dos empreendimentos, posicionando no ranking das melhores e mais conceituadas e consagradas no mercado consumidor.

Também proferiu inúmeras palestras por diversas cidades levando conhecimentos adquiridos ao longo de sua trajetória profissional. Ministrou cursos em faculdades da região, FAC/São Roque, palestras e treinamentos presenciais em escolas profissionalizantes da rede Microlins e Interativa. Atuou como Coordenadora de Educação na sua gestão no BNI Maestria de São Roque.

AGRADECIMENTOS

A Deus.

A meus pais, Joaquim e Flória.

A meus filhos, Giovanni e Giulia.

A meu querido Wladimir Dias.

A todos que de certa forma me acompanham e me apoiam ao longo de minha carreira profissional.

Desejo expressar minha contínua apreciação às pessoas que estão fazendo parte desse caminhar, me inspirando e dando seu apoio incondicional.

"Sempre haverá flores no jardim dos que souberem semear"

Minha eterna Gratidão!

13

SUMÁRIO

1. O que é ser Empreendedor?
2. A arte de desenvolver produtos e seus potenciais consumidores.
3. Gerar identidade ao produto – sua Marca.
4. Como precificar seus produtos e gerar valor a sua Marca.
5. Mercado Consumidor – o Desafio em posicionar a sua Marca.
6. Como identificar seu potencial cliente.
7. A importância de desenvolver o mercado internacional
8. Os principais desafios e obstáculos a superar.
9. As oportunidades do comércio exterior – Licenciamento de Marcas.
10. O sucesso está na importância que você dá a sua Marca.
11. O valor da internacionalização de sua Marca.

PRÓLOGO

Este livro tem como objetivo auxiliar empreendedores e investidores brasileiros que se encontram na busca por novos horizontes comerciais. Para aqueles que exaltam sonante a necessidade iminente de redução de seus custos no processo fabril, buscando conquistar o melhor posicionamento possível de suas marcas, dentro de um vasto mercado consumidor altamente competitivo. Que buscam de forma franciscana prospectar investidores para novos nichos de negócios, produtos inovadores, proeminentes fornecedores de matéria-prima de altíssima qualidade, que saibam valorizar o treinamento, avaliando de forma justa a capacitação de seus colaboradores e trazendo sempre consigo aquele olhar especial focado na internacionalização de suas marcas.

"A forma como os empresários brasileiros administram seus negócios e seus métodos de comunicação organizacional influenciam sensivelmente no direcionamento de seus resultados tanto dentro de um âmbito local quanto se contextualizado globalmente".

Os brasileiros são considerados consumistas natos e muitos não se preocupam com a qualidade de seus produtos e essa necessidade de se tornar competitivo, conquistando preços mais acessíveis, inicia indubitavelmente um ciclo indesejável de depreciação gradativa de suas marcas.

O posicionamento das empresas brasileiras como *players* globais, numa arena de competição internacional tem levado muitos brasileiros a se frustrarem diante de seus investimentos. Isso se deve ao fato de que muitas empresas foram bem sucedidas pela sorte e não por planejamentos estratégico e organizacional, pois não dominavam seus *players,* não estavam preocupadas com a valorização de suas marcas e de sua plena consolidação nas esferas internacionais.

No nosso entendimento, uma gestão forte é determinada e caracterizada pela capacidade do brasileiro em administrar o seu poder de relacionamento comercial, favorecendo a geração dos elos necessários para o fortalecimento da marca, contribuindo para a expansão dos negócios.

A marca é a identidade de um produto baseado na relação positiva de consumo. Enfrentando e quebrando paradigmas, diferenciando uma cultura organizacional entre países e criando uma eficácia de negócios.

Esta publicação corrobora o referencial teórico nos quesitos que impactam a cultura brasileira e os processos de internacionalização de seus ativos.

Capítulo I

O que é ser EMPREENDEDOR?

"Ser empreendedor significa ser um realizador, que produz novas ideias através da congruência entre criatividade e imaginação."

Muitos investidores pensam que ter um negócio próprio os fará obter dinheiro fácil. Nada é fácil. *"Toda pessoa que resolve, tem a coragem necessária para empreender, quer prosperidade e ter retorno rápido de seus investimentos, normalmente se perdem em labirintos de incertezas"*. Ser empreendedor é entender a falta desta garantia. Muito antes de se tornar um empreendedor bem sucedido em seus negócios, faz se necessário também o desenvolvimento paralelo de habilidades básicas que envolvem deste a serenidade em momentos cruciais até a ousadia empírica de suas ideias inserida dentro de um mercado muito competitivo. Transformar sim estes seus sonhos em realidade, investir sim, em um país desafiador, que apesar de sua política fiscal e tributária serem confusas, dentro de cenários econômicos pouco convidativos, nos apresentam novos horizontes e boas oportunidades. Esta é a missão de um empreendedor, estar a frente, sendo um precursor interativo.

DEFINIÇÕES DE ALGUNS MERITÓRIOS DA ÁREA

O economista austríaco Joseph A. Schumpeter, no livro *"Capitalismo, socialismo e democracia"*, publicado em 1942, **associa o empreendedor ao desenvolvimento econômico.**

Segundo ele, o sistema capitalista tem como característica inerente uma força denominada de **processo de destruição criativa**, fundamentando-se no princípio que reside na proatividade para o desenvolvimento de novos produtos, novos métodos de produção e novos mercados; que em síntese, trata-se de **destruir o velho para se criar o novo.**

Pela definição de Schumpeter, o agente básico desse processo de destruição criativa está na figura do que ele considera como o empreendedor.

Em uma visão mais simplista, podemos entender como **empreendedor aquele que inicia algo novo**, que vê o que ninguém vê, enfim, aquele que realiza antes, **aquele que sai da área do sonho, do desejo e parte para a ação.**

Seguindo esse raciocínio, a professora Maria Inês Felippe, em seu suplemento **Empreendedorismo: buscando o sucesso empresarial**, defende a ideia de que o empreendedor, em geral, é **motivado pela autorrealização e pelo desejo de assumir responsabilidades e ser independente.**

Nesta linha, podemos afirmar que empreender tem mais chances de sucesso através das melhores práticas de Gestão, significando: Assumir riscos calculados, ter um comportamento de Empreendedor + Gestor visionário, ser um apaixonado por realizar, organizar, planejar e estudar profundamente o assunto, vislumbrando possibilidades consistentes de sucesso pleno.

É o ato de começar por conta própria, tendo o seu negócio ao invés de trabalhar para outros. É ter a plena consciência e sabedoria para lidar com os inúmeros obstáculos e medos que certamente ocorrerão, assumindo estes desafios com a maestria que só a arte do empreendedorismo nos ensina, no que se refere a todos os riscos emocionais e financeiros envolvidos. Um empreendedor nunca se exime de suas responsabilidades sociais. Esta inerência social imiscuída fará parte intrínseca na gerência de seus negócios, trazendo-lhe o imprescindível senso de satisfação pessoal e do reconhecimento necessário para se diferenciar dentro deste seu meio de atuação, contribuindo para que sua empresa alcance o sucesso tão almejado.

Ser empreendedor nada mais é do que identificar os problemas, as mudanças, a criação de novas oportunidades e a agir a partir disso. Pode ser definido como inovar, criar algo diferente, desenvolver, modificar, empreender algo. Além disto, é imprescindível investir em competências e recursos para se criar um negócio, movimentos dinâmicos e ou projetos que tenham a capacidade de provocar mudanças de mudanças, resultando em um impacto positivo para qualquer contexto envolvido. Contudo, apesar de ser muito praticado no mundo empresarial, esse processo também costuma esconder muitos riscos. Fazendo-se necessárias algumas observações importantes.

*"**Diante das incongruências que destacamos na trajetória de um empreendedor, podemos elencar algumas definições primordiais para o potencial perfil de empreendedorismo.**".*

1. INTERESSE E VISÃO

O primeiro fator para o sucesso empresarial é o interesse. Como o empreendedorismo se compensa de acordo com o desempenho, e não com o tempo gasto em um esforço particular, um empreendedor deve trabalhar em uma área que lhe interesse. Caso contrário, ele não será capaz de se manter em um patamar com o nível mínimo de excelência, tão necessário e primordial para que inspire um trabalho ético e confiável, que de outra forma, como já comprovado estatisticamente a probabilidade de seu fracasso será aumentada drasticamente. Este interesse também deve traduzir-se em uma visão para o crescimento da empresa. Mesmo que as suas atividades cotidianas sejam interessantes para se empreender, isso não tem suficiência para se atingir o sucesso, a menos que se consiga transformar esse interesse em uma visão de crescimento e expansão. Contudo, esta visão deverá ser forte o suficiente para uma comunicação interativa junto aos investidores, colaboradores e fornecedores.

2. HABILIDADE

Todo o interesse e visão não compensam a total falta de habilidade aplicável. Como chefe de uma empresa, quer tenha colaboradores ou não, um empreendedor deve poder usar muitos chapéus e fazê-lo com eficiência. Por exemplo, se ele deseja iniciar um negócio que cria jogos para dispositivos móveis, ele deve ter conhecimento especializado em tecnologia móvel, indústria de jogos, design de jogos, marketing de aplicativos móveis ou programação.

3. INVESTIMENTO

Um empreendedor deve investir em sua empresa. Esse investimento pode ser algo menos tangível, como o tempo que ela gasta ou as habilidades ou reputação que ela traz consigo, mas também tende a envolver um investimento significativo de ativos com um valor claro, sejam eles dinheiro, imóveis ou propriedade intelectual. Um empreendedor que não vai ou não pode investir em sua empresa não pode esperar que outros o façam e não pode esperar que seja bem-sucedido.

4. ORGANIZAÇÃO E DELEGAÇÃO

Enquanto muitas novas empresas começam como um show *one-man*, o empreendedor de sucesso é caracterizado por um crescimento rápido e estável. Isso significa contratar outras pessoas para realizar trabalhos especializados. Por este motivo, ao empreendedor exige-se uma extensa organização e delegação de tarefas. É importante que os empreendedores prestem muita atenção em tudo o que acontece em suas empresas, mas se quiserem que suas empresas tenham sucesso, eles devem aprender a contratar as pessoas certas para as funções certas e deixá-los fazer o trabalho com o mínimo de interferência da administração.

5. RISCO E RECOMPENSAS

Empreendedorismo requer risco. A medição desse risco equivale à quantidade de tempo e dinheiro investidos no seu negócio. No entanto, esse risco também tende a se relacionar diretamente com as recompensas envolvidas. Um empreendedor que investe em uma franquia paga pelo plano de negócios de outra pessoa e consegue garantir uma renda respeitável. Entretanto, outro que aposta em inovações amplas, arriscando tudo e supondo que tenha algo revolucionário para apresentar ao mercado. Claro que, se esta sua visão revolucionária estiver errada, ele poderá perder tudo. No entanto, se ela estiver certa, ele também poderá se tornar extremamente rico e realizado. Estas são as vicissitudes empresariais de alto risco.

6. PERFIL

Empreendedores gostam de buscar soluções promissoras para seus problemas e colocá-los em prática: ajudando as pessoas e melhorando suas vidas ou mesmo simplesmente agilizando os seus processos fabris. Em um âmbito mais corporativo, elas demonstram habilidades em lidar com mudanças imprevistas, são boas em analises de contextos problemáticos, riscos diversos, pessoas difíceis e expectativas de resultados complexos.

Cada um possui um perfil distinto. Sendo assim, podemos incorporar características e práticas diferentes ao empreendedor. Porém, algumas características básicas se fazem necessárias em qualquer pessoa que deseja empreender:

- **Resiliência e perseverança:** O bom empreendedor não pode desistir facilmente. Problemas, riscos e desafios fazem parte deste meio. Eles superam os obstáculos e vão até o fim para alcançar seus objetivos.

- **Desejo de protagonismo:** Costumam desejar serem reconhecidos pelo que fazem. Gostam de ter controle sobre a própria vida.

- **Saber lidar com riscos**: Precisam ter coragem para aceitar e entender os riscos que envolvem o seus negócios.
Os riscos estão no cerne do empreendedorismo. Quem não está disposto a enfrentar isto não vai se sair bem neste meio.

- **Autoconfiança:** Além de acreditar na ideia/negócio, a pessoa precisa também acreditar em si mesma, nas suas habilidades e nas suas opiniões. É ele que banca a ideia. O empreendedor precisa acreditar que é capaz. Pois é ele quem irá tomar todas as decisões. Algumas delas poderão ser equivocadas ou gerar consequências negativas a sua autoconfiança, causando instabilidade, dúvidas e prejuízos a sua empresa.

- **Otimismo:** Apesar de estar ciente dos riscos e preparado para eles, ele sempre vê e espera o melhor. Sempre acredita que o seu negócio tem chance para dar certo, e que depende apenas de si mesmo. Um empreendedor otimista encontra muito mais facilidade em ser resiliente e perseverante. No geral é uma postura bem avaliada para bons resultados pelas agências financeiras.

Além disso, cada um tem suas motivações para empreender, o que ajuda a moldar o tipo de empreendedor que você será.

Eles também costumam ter um perfil psicológico bem definido. A maioria deles tem capacidade de ser inspirado por uma ideia ou uma tendência e até mesmo por críticas e julgamentos. Também apresentam grande capacidade de introversão, que acaba desenvolvendo uma capacidade intuitiva, que permite que sejam mais analíticos, identificando pontos e oportunidades que outras pessoas não conseguem perceber. Tais características também podem ser desenvolvidas, embora exijam bastante dedicação e treinamento.

7. TIPOS DE EMPREENDEDORES

Existem muitos tipos, mas é possível dividir as pessoas que buscam empreender nos seguintes tipos:

- **Empreendedor nato (mitológico):** São os que mais se destacam. São reverenciados por seu desempenho. Esse tipo geralmente teve um início precoce, com condições reduzidas, o que não os impediu de criar grandes empresas. Exatamente por terem começado jovens, costumam desenvolver a capacidade de negociar e vender. Os natos costumam estar à frente do seu tempo, são otimistas, visionários e tem 100% de comprometimento na busca para realizar os seus sonhos.

- **Empreendedor que aprende:** Costumam ser pessoas que normalmente encontraram uma boa oportunidade de negócio. É do tipo que quando menos se espera, resolveram mudar de área para se dedicar a outro tipo de negócio próprio. Quando percebem uma oportunidade, resolvem aprender a gerir seu próprio negócio. Assim, uma das principais características nesse grupo é o inesperado. Também são mais cautelosos do que outros empreendedores. Estudam as possibilidades e viabilidades da ideia ou do negócio em vez de assumir o risco de imediato. Ou seja, podem demorar um pouco mais de tempo na tomada de decisão. É importante destacar que esse tipo de pessoa precisa que uma oportunidade surja.

- **Empreendedor normal (ou planejado):** Embora não seja a maioria entre os tipos de empreendedores, esse grupo costuma ser o mais completo e com mais chances de sucesso. São referências dentre os grupos de empreendedores. Este perfil busca se capacitar, dando atenção para fatores como planejamento dos próximos passos organizacionais e minimização de riscos. Vê claramente o futuro do empreendimento e tem metas estabelecidas. É exatamente o fato de focar no planejamento, que lhes ajuda a aumentar suas chances de serem bem-sucedidos.

- **Empreendedor herdeiro:** Com a missão de dar continuidade ao legado da família, administrando os negócios e recursos familiares para fazer com que prosperem por mais tempo, ele é motivado a empreender desde muito jovem. O perfil desse grupo pode variar: Há tanto os inovadores (mais visionários, querem adotar medidas diferentes das usadas até então) quanto os conservadores (gestão mais próxima da anterior, querendo manter as coisas como estão). Hoje é mais comum contratar executivos para fazer a gestão de empresas familiares, entretanto eles são acompanhados pelo herdeiro, que participa nas sugestões e impressões.

- **Empreendedor por necessidade:** Essas pessoas começam um negócio autônomo por não encontrarem uma opção melhor de trabalho. Com isso abrem um negócio para gerar renda para sustentar a si mesmo e sua família. É a forma menos bem-sucedida de empreender. Pois esses empreendedores tendem a entrar no mercado completamente despreparados. Entretanto, existem casos de sucesso de empreendedores por necessidade.

- **Empreendedor corporativo:** Formado por executivos que se destacam e tentam crescer na empresa, buscando resultados positivos para a organização. Vistos como ótimos negociadores e vendedores por saberem como trabalhar e vender suas ideias mesmo em situações limitadoras impostas pela empresa sabem como gerenciar uma equipe e são grandes conhecedores das ferramentas administrativas. Também são mestres em desenvolver seu *networking* para gerar oportunidades e trazer pessoas que façam a diferença para sua equipe. Outra característica desse tipo é que costumam ser bastante autoconfiantes. Pessoas com este perfil gostam de trabalhar com grandes metas (que resultam em grandes recompensas) e são ótimos em se autopromoverem. Enfim, possuem um perfil considerado como ideal para atuar em grandes empresas.

- **Empreendedor serial:** Cria um empreendimento para vendê-lo e usa o capital obtido com essa ideia para criar outro negócio. A partir de então, vende essa nova ideia também, repetindo os passos anteriores, sempre produzindo algo. Nesse caso, a venda se torna o fim de um negócio e início de um novo.

- **Empreendedor social:** Em vez de buscar dinheiro, seu objetivo é a inovação social através de emprego e foco na inovação, visando os benefícios sociais que disso podem resultar. Esses empreendedores têm características tradicionais, como visão, criatividade e determinação. Suas experiências em outras organizações e empresas são usadas para ajudar o próximo. Estão em setores sem fins lucrativos, podendo trabalhar em órgãos governamentais, públicos, comunitários ou voluntários e negócios éticos.

Capítulo II

A arte de desenvolver produtos e seus potenciais consumidores

O desenvolvimento de um produto está intrinsecamente ligado ao investimento que se pretende realizar. Após a definição de empreendedorismo, temos uma árdua tarefa. Identificar o que o mercado está buscando em produtos e inovações. Temos uma concorrência forte no mercado. Muitos produtos "pirateados" sem qualquer estudo e desenvolvimento de materiais e performance. Muitos "plageiam" para evitar os desgastes no processo fabril. Alto custo de projetos sem estudo de mercado tem levado boas ideias para a gaveta.

"O evolutivo de criação de um produto obedece a um conjunto sistemático (pesquisa científica) de etapas organizadas cujo escopo é de converter uma consideração de ideia em produto acabado (algo "concreto") tangível. O desenvolvimento ocorre de início com a agudeza de um ensejo de mercado e culmina com a fabricação, venda e distribuição deste".

É notório saber que o desenvolvimento de novas opções é um quesito considerado fundamental para a competitividade das organizações, tendo como base a junção de diversos campos de uma empresa tais como o *designer* estratégico que é envolvido do começo ao fim no desenvolvimento de determinado produto. Este é um dos meios, senão o mais eficaz de uma empresa manter-se de forma ativa no mercado.

"Este desenvolvimento inovativo constitui-se em uma importante ferramenta gerencial capaz de melhorar a sustentação no que se refere as decisões de implementação e gestão do produto.", ou seja, se houver um planejamento sólido, levando-se em conta requisitos, tais como: pesquisa de mercado, marketing, dentre outros, as chances de que esse novo produto seja recusado será mínima.

Não há um padrão que determine qual processo será o melhor para o desenvolvimento de um novo produto. O correto ou mais eficaz e o que se pode afirmar é que em todos os casos as empresas enxergam este desenvolvimento com um olhar de máxima relevância para manter-se competitivas e margeadas na vantagem em relação aos seus concorrentes diretos, inclusive todas buscam implantar todos os seis estágios, elaborado por Robert G. Cooper, sendo elas:

1. **Descoberta:** O processo inicia-se com esta etapa. Fase esta em que as ideias são geradas livremente.

A diferença entre produtos fracassados e campeões de venda é a necessidade. *"Clarificando'* Como um aspirante a empreendedor e a inovador, o seu objetivo será criar algo que as pessoas ainda não se deram conta de que precisam e determinadas por perguntas simples: Tais sejam: O que está faltando no mercado"? O que as pessoas querem?

Não existe uma forma fácil de responder à esta pergunta, ou todos nós seríamos milionários. Uma boa dica é manter um caderno de anotações sempre com você em todos os momentos, procurando registrar todas as vezes em que você se frustrar com alguma coisa e que lhe surja senso inspirativo inovador. Talvez você esteja deitado, tomando sol, e tenha dificuldade para segurar seu livro? Neste momento, se pergunte: Que produto simples poderia atender à esta minha necessidade?

Embora isto possa parecer um atalho eficaz, a ação de realizar uma pesquisa com os consumidores para saber quais produtos eles gostariam que existissem não costuma funcionar.

Novamente, se as pessoas soubessem de quais produtos elas precisam, todos nós estaríamos abonados.

2. **Investigação Preliminar:** As ideias do projeto devem passar pelo portão 1 para tomada de decisão, após este processo inicia-se a investigação preliminar para decidir os aspectos técnicos, considerando-se seus custos e espaço de tempo limitante.

3. **Construir Plano de Negócio:** Neste estágio se dá a construção do plano de negócio. Quando através de uma pesquisa de mercado se verifica a real necessidade do cliente. A exigência deste estudo detalhado tem o intuito de atender com propriedade as preferências e exigências do projeto em questão como um todo. A execução deste trabalho se dá buscando a forma mais eficaz e econômica possível, considerando-se o fluxo de caixa disponível, mas sem perder o foco na linha dos melhores resultados.

Exemplificando: Criar o conceito de uma prancha voadora é bacana, mas você também precisa projetar a coisa toda. Dependendo das suas habilidades de engenharia, poderá ser necessário trabalhar junto com alguns engenheiros e designers para que sua ideia se transforme em um protótipo funcional.

Escreva a sua visão para o produto da forma como o concebeu, mas também esteja disposto a modificá-lo quando ele vier de encontro a outros interesses práticos. Talvez a tecnologia da prancha seja complexa demais neste ponto, mas você conseguiu encontrar um cara com experiência em tecnologia imersiva para vídeo games. Crie então uma prancha voadora 3D!

Outra alternativa é tentar projetar os produtos sozinho. O designer do Revolight, um sistema inovador de iluminação de bicicletas, criou o protótipo na sua garagem e ganhou muito dinheiro na internet. Escolha habilidades que você ainda não tem e experimente-as.

4.Desenvolvimento: Durante este processo o escopo do projeto é desenvolvido com base nos planos operacionais já decididos previamente, sempre com atenção redobrada na análise financeira, com atualização de dados de forma constante e exata.

Um bom inventor cria um produto para atender à uma necessidade específica do consumidor. Um ótimo inventor cria cinco produtos. Tente analisar o problema que você está tentando solucionar, a partir de diversas perspectivas diferentes, pensando em todas as formas possíveis de resolvê-lo. Não fique satisfeito com apenas um modelo a ser desenvolvido, tente pensar em mais opções, para o caso desse modelo falhar.

Novamente, analise o produto em termos de necessidade. Se você tiver dificuldade em ler um livro sob o sol, poderá pensar automaticamente em um suporte de peito para segurar seu livro, mas e quanto à proteção ocular desenvolvida para ler? E quanto às alternativas digitais? E quanto a manter as páginas livres de areia?

5. Testes e Validação: Neste estágio as visões econômicas são revisadas, é testada a viabilidade do projeto e a aceitação pelo cliente, assim como todo o processo do projeto para validação dos resultados.

Obtenha o financiamento necessário para a criação de um protótipo. Uma excelente forma de garantir o financiamento para criar protótipos de produtos caros que serão apresentados aos investidores, ou para entrar sozinho em um modo de produção em larga escala, assegurando o financiamento via "crowdsourcing". Kickstarter, GoFundMe e outros sites de crowdsourcing podem ser excelentes métodos para obter aquele investimento inicial necessário para tirar o seu produto do papel.

"Se você tem experiência no ramo de desenvolvimento de produtos, poderá levar o projeto do seu produto para investidores de risco e conseguir um financiamento com base em seu histórico".

6. Lançamento: Esta é a etapa final, envolve a área do marketing para o lançamento do projeto.

Crie um protótipo. Quando você já tiver algumas boas ideias e se já tiver criado um projeto em conjunto com seu designer ou equipe de designers, monte um protótipo funcional e comece a testá-lo. Isso poderá demorar um pouco, dependendo da natureza do produto, ou você poderá montá-lo relativamente rápido. Quando você fizer isso, estará pronto para começar a desenvolver e a testar seu produto.

Estratégias de desenvolvimento de novos produtos:

• Lean - Desenvolvimento de produtos *Lean Startup*, como conjunto de processos utilizados para o desenvolvimento de produtos e mercados.

• Design de SEIS sigmas, como conjunto de praticas originalmente desenvolvido para melhorar sistematicamente os processos ao eliminar defeitos.

• Desenvolvimento de produtos flexíveis.

• Desdobramento da função qualidade.

		Produtos	
		Existentes	Novos
Mercados	Existentes	Penetração De Mercado	Desenvolvimento De Produtos
Mercados	Novos	Desenvolvimento De Mercado	Diversificação

- Modelo de fase-gate.

- Design centrado no usuário.

    Toda elaboração de produto em sua fase inicial de produção deverá necessariamente ser avaliado pelos profissionais da engenharia de produtos. A próxima figura identifica as fases deste planejamento estratégico.

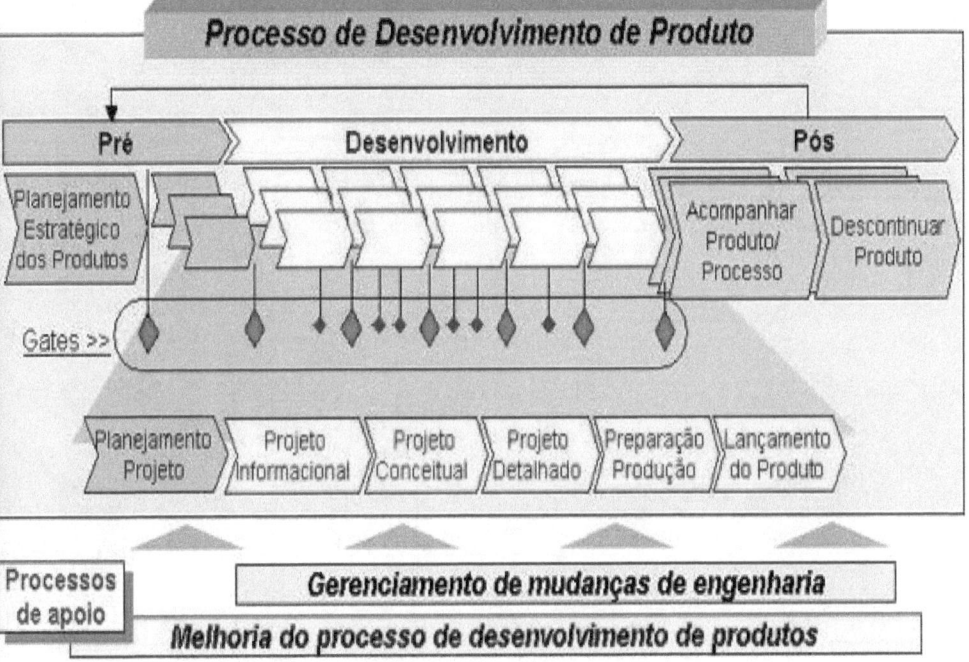

Qualquer desenvolvimento de produto requer que as áreas envolvidas realizem seus testes de amostragem identificando os possíveis erros no projeto e todos os produtos novos requerem um estudo analítico de diversas variáveis, tais como:

a) qualidade de materiais envolvidos.
b) grau de conhecimento técnico do projeto.
c) aderência ao mercado consumidor.
d) armazenagem.
e) custos diretos e indiretos.

DECISÃO	CARACTERÍSTICA	AVALIAÇÃO	RECOMENDAÇÃO
Coordenação	CPV($)	Alto ou Baixo	PUXAR OU EMPURRAR
	Grau de obsolescência	Alto ou Baixo	
	Grau de perecibilidade	Baixo ou Alto	
	Valor do frete ($ / kg)	Alto ou Baixo	
Alocação	Densidade de custos	Alta ou Baixa	CENTRALIZADA OU DESCENTRALIZADA
	Amplitude de vendas	Alta ou Baixa	
	Giro de estoque	Baixo ou Alto	
	Transporte premium	Alto ou Baixo	
Acionamento	CPV($)	Alto ou Baixo	DEMANDA REAL OU PREVISÃO
	Grau de obsolescência	Alto ou Baixo	
	Grau de perecibilidade	Baixo ou Alto	
	Valor do frete ($ / kg)	Alto ou Baixo	

Capítulo III

Gerando identidade ao produto – sua Marca.

O quanto de fato é possível ganhar com a promoção de uma marca? Certamente não muito, pois comentário do tipo "Você está pagando pela marca, não pela qualidade" aparece rápido. Ao promover uma marca com identidade o maior ganho é na hora do empate: "Leva este ou aquele produto?" O pêndulo sempre irá pender para aquele que é mais do que apenas um produto, sem contar ainda a inserção em novos mercados/nichos e lojas de conveniência.

A imagem construída em torno de determinado produto permite que este seja veiculado de forma distinta, como uma imagem a ser lembrada pelos consumidores e os faça dar preferência pelo seu consumo. As mídias sociais colocam diariamente milhões de pessoas em contato umas com as outras. Por que não utilizar este meio para desenvolver a marca de um produto? Veículos como o twitter não fazem todo o trabalho, mas certamente servem de apoio a campanhas e movimentos maiores que cheguem ao público de diversas formas e satisfaçam os diferentes tipos de pessoas: as auditivas, as visuais e as sinestésicas.

Viva a democracia! O twitter é gratuito, qualquer um pode ter acesso para promover seja lá o que tiver vontade. Apenas os melhores irão sobreviver, e isto também faz parte do jogo. Não basta chamar a atenção e fazer barulho, é preciso ser bom naquilo que faz para sobreviver neste meio.

***"As mídias sociais podem ajudar na construção da identidade de um produto...* mas cuidado. Elas também poderão destruir se forem de péssima qualidade."**

A identidade surge como um dos elementos que permitem diferenciar a marca através da criação de uma pseudo personalidade própria. Considerando-se que uma marca só consegue ser assumida pela sua identidade, quando surge a necessidade de se criar um sistema que trate os valores da marca de forma a obter a diferença necessária para tornar esta marca distinta.

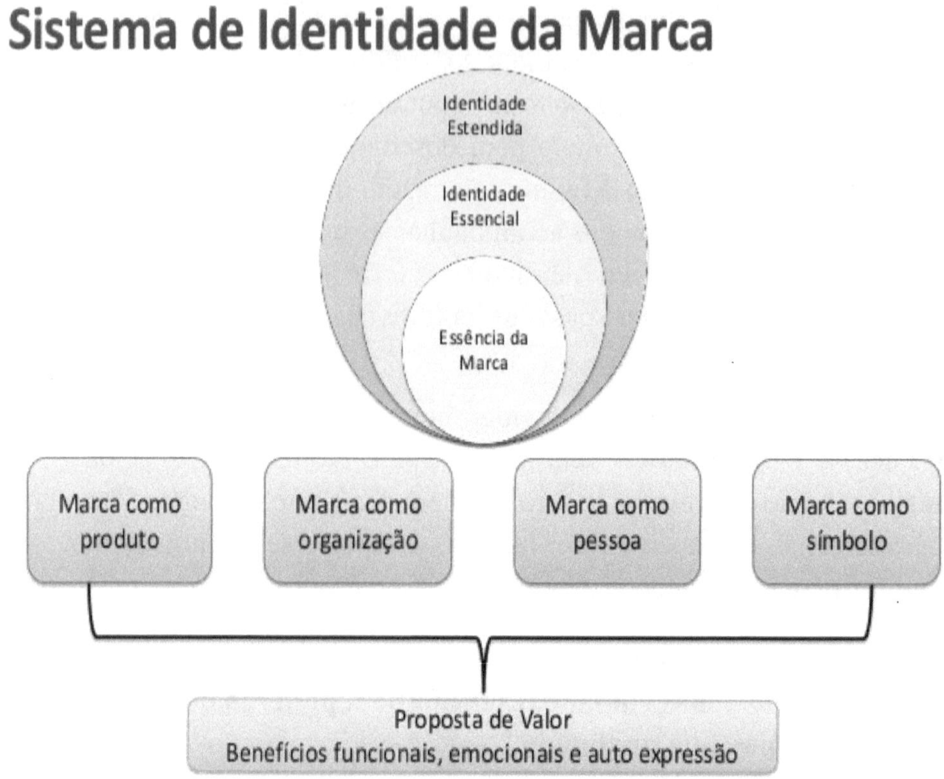

Sistema de Identidade da Marca

- Identidade Estendida
- Identidade Essencial
- Essência da Marca

| Marca como produto | Marca como organização | Marca como pessoa | Marca como símbolo |

Proposta de Valor
Benefícios funcionais, emocionais e auto expressão

Fonte: Aaker & Joachimsthaler (2007)

A EVOLUÇÃO DO CONCEITO DE IDENTIDADE DA MARCA

Período	Enquadramento
1950-1960 Influência dos designers	Especialmente nos EUA, os donos das grandes empresas confiavam nas capacidades criativas dos designers. O design era visto como parte fundamental e integrante na cultura corporativa de uma organização, da mesma forma que uma cultura nacional é composta por símbolos e ícones. Início da utilização da associação de cores das empresas aos seus produtos e serviços. Alguns exemplos de identidades criadas são os logótipos da IBM e UPS; Minolta; General Foods; Shell; A exploração do amarelo começa a ser associado à Kodak; O vermelho à Coca-Cola; O Verde à BP; O castanho à UPS; e o azul à IBM e à AT&T.
1970-1980 Influência da estratégia e focos no consumidor	Na década de 70, com o boom do marketing, e das áreas de estudo e research, a responsabilidade pela Identidade corporativa passa a ser do marketing. O logótipo deixa de ser avaliado como sendo apenas uma assinatura da empresa, e começa a ser questionado sobre a sua qualidade para um determinado público. O logótipo passa a ser visto como uma base de partida para o trabalho de construção de uma identidade que deve ter em linha de conta a estratégia da organização. Procura-se equilibrar o sentido estético e artístico com a gestão e estratégia organizacional. A identidade corporativa passa a ser mais uma das ferramentas de marketing, até aqui na posse da gestão de topo/empresas.
1970-1980-1990 Influência do Controle da Identidade	Durante este período são criadas as identidades corporativas de várias multinacionais. Com a necessidade de respeitar a marca em vários países, são criados grandes manuais de identidade corporativa. Desta maneira, atinge-se um estado de profissionalização e rigor nunca visto. Os princípios e estrutura destes manuais são amplamente copiados e divulgados provocando uma expansão nas áreas de branding no séc. XX.
1990-2000 Influência dos públicos da empresa	Fruto do boom de fusões entre 1990 e 2000, a identidade das marcas passou a dar importância a todos os públicos da empresa (dos colaboradores aos fornecedores). A necessidade de criar nestes públicos uma atitude favorável perante a marca trouxe a necessidade de também criar a identidade verbal como forma de controlar os valores da marca na comunicação.
A partir de 2000 Visão holística da marca	Consciência de que tudo o que uma empresa faz é projetado nas suas marcas e consciência de que tudo o que uma marca faz é comunicação – desde a embalagem e o que nela está escrito, à forma como os telefones são atendidos, passando pelo comportamento de um colaborador.

PRINCIPAIS DIMENSÕES DA IDENTIDADE DA MARCA

Dimensão física	Elementos que tornam a marca tangível, ou produtos/serviços representativos ou com qualidades particulares;
Dimensão da personalidade	Representada por personagens que a materializam, como o seu nome e símbolos visuais;
Dimensão cultural	Sistema de valores que estão definidos em consonância com os produtos ou serviços que a marca representa;
Dimensão da inter subjetividade	Associações que humanizam uma marca e que são geradoras de imaginários diversos. Podem constituir proposições de venda decisivas para estabelecer uma relação duradoira com o consumidor;
Dimensão do significado	Elementos utilizados para contextualizar os produtos, serviços, e que desempenham função semelhante nos consumidores, quando estes no seu comportamento exterior a refletem;
Dimensão da mentalização	Dimensão que gere a introspecção de uma marca pelo consumidor, o que a transforma numa componente importante da sua personalidade.

A conexão que você sente com um produto é alimentada pelo "Branding". Uma marca é qualquer recurso que distingue produtos ou serviços de um vendedor, como <u>logotipos</u>, nomes, fontes e lemas. A marca te diz por que um produto é diferente do outro.

Uma marca que pode ser reconhecida e forte é essencial para qualquer proprietário de empresa. Ela te ajuda a construir fidelidade do cliente e dar longevidade no mercado. Mesmo assim, não é suficiente apenas ter a ideia de um logotipo e um nome. Os clientes devem se importar com a sua marca e acreditar na mensagem por trás dos seus produtos.

Todos os seus produtos favoritos possuem identidades de marca que falam com o seu estilo de vida. Você pode criar a mesma experiência com a marca da sua pequena empresa ao fazê-la confiável para o seu público-alvo.

3 A IDENTIDADE DA MARCA

Identidade de marca é tudo que definem a missão e valores da sua empresa. Os logotipos da sua empresa, designs de produtos e ética do negócio são todos parte da sua marca.

O objetivo é usar todos esses elementos físicos e visuais para dar uma impressão positiva nos clientes. A identidade de marca também:

Dá um senso de originalidade em seus produtos;

Mostra aos clientes quem você é e como resolve seus problemas;

Transmite como você quer que os seus clientes se sintam quando usam o seu produto.

1. BENEFÍCIOS DE UMA IDENTIDADE DE MARCA ÚNICA

Pode parecer inofensivo ter um negócio sem uma identidade de marca distinta. Depois de tudo, você ainda pode encontrar clientes ao promover os benefícios do seu produto. Entretanto, os clientes não apenas julgam produtos pelo preço e qualidade. Algumas decisões de compra são feitas baseadas no status e preferências do estilo de vida.

Para ter uma vantagem competitiva, considere esses motivos para ter o controle da sua marca:

1. **Fidelidade do cliente:** Muitos clientes escolhem produtos da *Apple*, porque eles são modernos, inovadores e fáceis de usar. Outros preferem os produtos da *Samsung*, porque eles têm um bom preço, são personalizáveis e amplamente compatíveis. Criar uma identidade de marca é como começar uma amizade. Ela fala aos clientes que você entende quem eles são e que possui algo em comum com eles.

2. **Segmentação de mercado:** Uma marca pode transmitir muitas características como: Luxo, Oferta, Prazer e Prestígio. Ter uma identidade de marca segmenta o seu mercado e faz com que ela apareça mais aos clientes que estão dispostos a pagar os seus preços. Colocar os preços muito baixos, torna difícil cobrir os custos do negócio e ter lucro. Dessa forma, não vale a pena perseguir clientes que nunca irão valorizar o seu produto.

3. **Consistência de marca:** Uma marca bem construída age como uma diretriz para as decisões e objetivos da sua empresa. Quando você e os seus clientes estão felizes com as suas transações, você se torna melhor em fornecer um bom serviço. Você começa a focar tudo o que você faz em satisfazer a sua audiência. Desenvolvimento de produtos, promoções, serviço de atendimento ao cliente e marketing nas redes sociais, tudo se torna muito mais eficiente.

4. **Valor da marca (Branding):** Uma identidade de marca confiável se torna um ativo valioso e uma ferramenta de marketing para uma empresa. Empresas não podem controlar

cada segundo da experiência de produto do cliente. Elas contam com o branding para conversar com os clientes. Com o tempo, os clientes que se sentem conectados com a sua marca se tornam embaixadores dela em suas comunidades. Eles influenciam outras pessoas a experimentar seus produtos.

"O conceito de identidade de uma marca é algo que vai muito além de uma padronização de qualquer linguagem visual".

É um conceito que engloba o comportamento de uma marca, suas atitudes seus valores mais expressivos, seu posicionamento e diria até que o seu grau de comprometimento com o propósito ou missão definida para o negócio de uma marca. Arrisco-me a dizer que a identidade de uma marca seria um indicador do quanto uma marca é capaz de permanecer próxima ou de se afastar da linha traçada como objetivo para a entrega satisfatória da promessa que faz ao mercado.

Se a marca por sua vez é considerada um ativo intangível capaz de construir valor para uma organização, em alguns casos até muito maior do que os ativos tangíveis, este valor certamente não provém da riqueza estática de um desenho ou da plasticidade de sua identidade visual. Mas sim, do que uma marca é capaz de significar para um grupo de pessoas, de consumidores dispostos à consumir seus produtos e serviços, de clientes apaixonados e fiéis de a preferem diante de muitas outras ofertas e de mercados que a alimentam e são transformados por ela.

E para que isto ocorra, existe um trabalho árduo, minucioso e estratégico por trás, para proporcionar à um determinado público uma mensagem que possa ser transmitida e decodificada por estes receptores capaz de gerar uma percepção de valor que seja por sua vez capaz de construir uma imagem sólida e apreciada por este público.

2. COMO CONSTRUIR UMA IDENTIDADE DE MARCA DE SUCESSO PARA PEQUENAS EMPRESAS

Uma identidade requer uma maior avaliação, pois cada elemento e método de marketing deve reforçar os princípios e objetivos principais da sua empresa. Envolva seus clientes e empregados nesse processo, pois eles podem te dizer com precisão onde a sua identidade de marca e serviços estão indo bem ou mal.

Você pode começar com uma análise SWOT (Forças, Fraquezas, Oportunidades, Ameaças) do seu negócio para entender o nicho em que ele está inserido.

Forças: Pense sobre o que você faz melhor que os seus concorrentes. Que vantagens isso oferece ao seu negócio?

Fraquezas: Pense sobre as fraquezas que fazem a sua empresa menos interessante que a concorrência. (Ex.: preço, localização, variedade de produtos).

Oportunidades: Pense em tendências de produtos emergentes ou necessidades do cliente. Essas oportunidades são para buscar novos mercados?

Ameaças: Avalie obstáculos que impedem o desempenho do seu negócio. Quais são os fatores que ameaçam a sua capacidade de atender às demandas dos clientes no futuro?

Assim que conhecer o seu nicho, comece a desenvolver os elementos da sua identidade de marca. Imagine o tipo de clientes que você quer alcançar e a impressão que você quer que eles tenham da sua empresa.

Você quer clientes que se preocupam mais com status? Preço? Qualidade? Tendência? Responder a essas perguntas irá te ajudar a escolher a linguagem correta, tom e particularidades da venda que capturam a sua audiência.

Capítulo IV

Como precificar seus produtos e gerar valor a sua Marca.

Todo empreendedor objetiva resultados promissores para a sua empresa. Entretanto este sucesso passa também pela conquista do equilíbrio entre os custos de produção, gastos operacionais, receitas e mercado consumidor. Indubitavelmente é uma árdua tarefa com eco refratário, em que a grande maioria destes promissores empresários, subitamente desenvolvem sensos de segregação, um tipo de lacuna inclusa na sua principal lógica de raciocínio e planejamento, ficando desta forma sem quaisquer condições para possíveis reações administrativas corretora. Neste instante, se sentem totalmente despreparados para referenciar suas atitudes ou mesmo estabilizar as diversas variáveis envolvidas.

Uma das formas para se alcançar esse objetivo, se demonstra apostando-se no posicionamento das marcas, além do foco em um publico alvo de produtos já pré-definidos dentro de um sistema de escalonamento piramidal. Essa conceituação direcionará os produtos a serem precificados de forma correta no ponto de venda, gerando a estabilização e ajustes destas variáveis, determinando-se então, uma forma mais objetiva sobre qual será o seu melhor mercado consumidor, incluindo-se também o seu valor e a sua marca.

A imagem anterior apresenta o posicionamento da marca Coca Cola como seu carro chefe, sendo ela mesma através da menção de um refrigerante que carrega por si a própria marca, ainda que ela detenha no seu portfólio outros produtos, e o MIX destes outros produtos, quando baseados na evidenciação de seu sucesso, nos projeta e identifica exatamente em que momento deveremos adotar como *case de sucesso* uma pirâmide, classificando-se seus produtos e utilizando-se da metodologia definida a seguir:

Base da Pirâmide: São produtos que tem como fundamento retirar do mercado as marcas menos expressivas e que entram na competitividade para causar um desequilíbrio nos preços e marcas. A ideia é não desmerecer a "marca considerada o carro chefe da empresa" lançando preços abaixo do que vale para se manter nesse nível de concorrência e sim criar uma "marca combate", tendo como público-alvo quem busca preço e não a marca.

Centro da Pirâmide: São produtos que possuem característica em disseminar a marca. Destinada a formadores de opiniões. Podemos classificar a venda em grandes distribuidores que possuem uma excelente vitrine. Neste nível a preocupação não é ganhar no preço e sim na visibilidade.

Pico da Pirâmide: São classificados os produtos de excelência e que já possuem um público-alvo que aprecia o que há de melhor em "marcas". Posicionar os produtos dentro deste nível, localizado entre o Maior Concorrente e o Menor. Estando neste contexto, o preço vale a marca e a marca vale o que se paga.

"Segundo Philip Kotler, professor universitário americano, produto é qualquer coisa que possa ser oferecida ao mercado para aquisição, uso ou consumo, podendo satisfazer um desejo ou necessidade do consumidor."

Ao adotarmos a pirâmide de posicionamento de produtos no mercado, estamos indo muito além dos números. É necessário que o responsável pelo desenvolvimento de produtos o faça com critério. A escolha de materiais, insumos, fornecedores, a correta fabricação respeitando todas as leis e dinâmicas de seu parque fabril, custo de produção justo e concatenado, são fatores que determinarão a sua correta classificação no mercado em função do tipo de produto que está sendo oferecido. Neste caso, a escolha da marca se torna fundamental. Sobre a questão de público-alvo, os canais de escoamento desta produção é uma variante relevante para definir o seu tempo de vida útil quando já implementado. Neste furduncio comercial brasileiro, muitas são as ideias, mas poucas são as que prosperam. Isto é uma resultante direta da falta de um planejamento bem elaborado e de uma conjuntura débil de viabilidade causando prejuízos durante a sua execução.

Neste sentido, entendemos a importância que o produto exerce na percepção sentida pelo consumidor quando da sua aquisição ou compra.

O produto é o primeiro elemento do composto mercadológico (ou *marketing mix*): todos os outros componentes dependem do estudo e conhecimento deste.

O consumidor optará pelo produto que considerar de maior valor para si, tendo sempre em atenção, os seus diversos aspectos.

A empresa dentro deste contexto, precisará se preocupar com quais de seus produtos deverá seguir produzindo e vendendo, bem como quais novos produtos deverão estar na pauta de seus novos lançamentos. De forma análoga, buscará analiticamente definir e reconhecer quais de seus produtos deverão ser abandonados, clarificando em que fase do ciclo de vida se encontra este produto e quantos deverão fazer parte de seu novo portfólio.

O crescimento da marca deverá seguir essa métrica. Na nossa compreensão, uma empresa não poderá se apoiar num único produto e numa única precificação para este. O mesmo produto deverá ter no mínimo três marcas, três definições de mercado e consequentemente três preços diferenciados.

> A **marca** tem uma função principal: a **distintividade**, ou seja, a finalidade de **distinguir produtos e serviços** de outros iguais ou semelhantes.
>
> CESÁRIO (2009)

Sendo assim o resultado esperado dessa classificação piramidal será:

Maior competitividade: Com um mercado cada vez mais acirrado, ascendendo-se até ao item de precificação como fator diferencial para o posicionamento competitivo de muitas marcas. Acaba por obrigar a todos os envolvidos, a buscarem desenvolver sistemas de preços mais limitante e atuante na margem de lucro das suas empresas, tentando obter desta forma, um cenário mais positivo para seu produto dentro do mercado via força interativa consumista, minimizando seus prejuízos.

Público mais satisfeito: Uma análise rigorosa e cuidadosa permite ajustar o preço dos produtos entre o que o seu público-alvo está disposto a pagar e a sua margem de lucro.

Política de preços bem definida: Quando a precificação é realizada corretamente, facilita em muito a determinação dos preços máximos e mínimos que poderão ser praticados, dentro de uma política de descontos e promoções sem comprometer a lucratividade da sua empresa.

Auxilio no planejamento estratégico: Compreender como definir corretamente o preço dos produtos e serviços ajuda no planejamento de investimentos, estabelecimento de metas, além de contribuir para o pagamento em dia de suas obrigações.

Posicionamento do produto no ponto de venda: Estipular o seu preço de venda (PDV) demonstra o *valor* que seu produto tem diante dos seus concorrentes, ou seja, quem determina o valor é quem produz.

Capítulo V

Mercado Consumidor – o Desafio em posicionar a sua Marca.

Você conhece o seu mercado consumidor? Sem saber para quem vender você não terá nenhuma chance de seu produto ter um *ranking* aceitável de vendas que pague seu custo de desenvolvimento e posicionamento de mercado.

Esta é uma preocupação inerente a todo investidor e empreendedor que detém boas ideias mas não sabe como elas poderão ser absorvidas por seu público-alvo. Simplesmente por que não saber quem é este seu público.

Nossa intenção é neste capítulo, é trazer para você algumas importantes análises para a identificação do seu nicho de mercado.

Para isso começaremos pelo conhecimento que você tem do seu produto.

Conhecer bem o produto que se vende determina a credibilidade dentro da sua organização. As pessoas devem instintivamente procurá-lo quando precisarem de esclarecimentos sobre a compra.

Para além das características do produto, deverão conhecer também as regras do mercado onde ele está inserido. Isto pode parecer simples, mas à medida que o produto amadurece, as suas regras crescem exponencialmente.

3. **Conhecendo o mercado e os concorrentes:**

Não tente adivinhar como funciona o mercado. Faça uma pesquisa exaustiva sobre ele e sobre o seu público-alvo.

Esteja sempre a par das atividades dos seus concorrentes e, se possível, mantenha um registro do que eles estão a fazer.

4. **Sintonizando com a equipe de vendas:**

Dentro de nossos cálculos, sabemos que todos os dias lhe chegam muitos motivos pelos quais potenciais consumidores não querem comprar determinado produto.

Utilize destas informações para criar mensagens para vendas, procure transmitir, divulgar sempre enfatizando os pontos fortes deste seu produto, como forma de superar e contrapor-se a estes antagonismos consumistas.

Poderá também considerar adaptar este produto para que corresponda às necessidades do mercado. A flexibilidade de ideias tem que ser uma constante no desenvolvimento do seu público-alvo.

5. Analisando os indicadores de performance:

Grande parte das organizações faculta um conjunto de indicadores (ou KPI's) que orientam e motivam os gestores comerciais e de produto.

Recomendamos que crie o seu próprio conjunto de indicadores, com base nas características do produto e nos objetivos da sua empresa.

Exemplos de KPIs bastante utilizados são: índice de conversão *(leads/vendas concretizadas)*, Customer Acquisition Cost *(valor investido para captar um cliente)*, Lead Velocity Rate*(velocidade à qual a empresa consegue leads)*.

O histórico de desempenho da empresa pode ser analisado com base nos resultados dos indicadores. Talvez seja necessário após ter estes parâmetros em mãos, alterar também o seu plano de atividade, de forma que atinja todos os resultados vislumbrados e ou esperados.

O mercado consumidor é constantemente alterado conforme a evolução de quem passa a consumir seus produtos.

Desta feita, atente-se sempre aos ***feedbacks*** que você recebe da sua equipe de representantes.

6. Ouvindo as histórias de clientes:

As histórias individuais dos clientes oferecem muitas informações detalhadas sobre como os produtos e serviços são consumidos no "mundo real".

Ouvir os clientes permite que os gestores ultrapassem dados abstratos e identifiquem e resolvam problema pontuais, caso existam.

É interessante e útil para a empresa saber como determinados clientes usam um produto ou serviço oferecido, permitindo que se busque uma adaptação rápida e uma estratégia mais contrátil e assertiva. Para tal, poderá enviar um formulário/inquérito de satisfação aos seus clientes, incentivando-os a partilhar sugestões para possíveis melhorias.

Um erro comum e fatal que cometemos é a falha ao identificarmos o perfil de nosso público-alvo e não clientes.

Muitas empresas criam a falsa impressão que um bom produto, serviço ou ideia conseguirá atingir com o mesmo sucesso o mercado como um todo. Um ledo engano, pois isto requer um profundo entendimento do comportamento do consumidor, alem, de uma cuidadosa análise estratégica de marketing que deverá incluir a sua segmentação de mercado, seleção dos mercados-alvo, alem de um correto posicionamento de mercado baseado fortemente nos benefícios e diferenciais competitivos do seu produto ou serviço.

A marca como um dos principais PATRIMÔNIOS de uma empresa

Elaboramos quatro perguntas e respostas para você possa rever seus conceitos e reclassificar seus potenciais clientes e não clientes.

1. Quem é o seu cliente-alvo?

Se for pessoa jurídica: Qual o setor de atividade, Qual o tamanho ideal da empresa. Qual estado/país se encontra sediado.

Se for pessoa física: Qual classe social e quais as suas regiões específicas.

2. Qual é o problema que você vai solucionar?

Em ambas as situações (PJ e PF) você deve saber

responder de forma precisa a seguinte pergunta: Qual é o problema que o meu produto, serviço ou solução irá resolver para o meu cliente e que somente a minha empresa poderá ajudá-lo? Perceba que fiz questão de lhe desafiar um pouco no que diz respeito a trabalhar dentro do seu máximo para identificar o que faz da sua empresa e de suas ofertas especialmente únicas, pois quanto mais seletas elas forem, maiores serão as chances do sucesso para seu negócio.

3.   Quais são os canais de venda para se chegar até eles e quais os principais meios para se manter engajado com estes de forma contínua?

Outro ponto que exige uma análise aguçada se refere a quais meios serão utilizados para vender seus produtos e serviços. Loja física, vendas corporativas, venda através de representantes comerciais, Internet, são alguns dos canais a as vendas, são os canais mais auspiciosos que possam influenciar, educar e se engajar (de forma contínua) com seus clientes e futuros clientes sobre os vários benefícios, considerando-se as características peculiares deste seu produto, serviço ou solução.   Redes Sociais, Site, Anúncios em Jornal, TV, são alguns dos meios que uma vez bem utilizados lhe serão essenciais ao sucesso e a perenidade do seu negócio.

"Dica de Ouro para Empresas e Profissionais com orçamentos mais enxutos de Marketing: as Redes Sociais expandidas conglomeram canais extremamente poderosos para a identificação, conquista e fidelização de clientes".

4.   Por que eles devem comprar de você e não do seu concorrente?

"É aqui que lhe sugiro que faça um profundo trabalho de identificação dos diferenciais competitivos do seu negócio, que idealmente devem contar com três grandes elementos: único, importante e defensável".

Capítulo VI

Como identificar seu potencial cliente.

A importância da Marca num projeto de Empreendedorismo

CLIENTE + POTENCIAL = PODER DE COMPRA

Dentro desta equação, podemos destacar o quão importante é o conhecimento deste potencial cliente. Saber sobre a sua autonomia em se comprometer com a compra. Se pode pagar pelo seu produto. Estabelecer um processo de confiança com você e ter a urgência em comprar seu produto/serviço.

•Planejamento:

Crie um plano, mas mantenha a mente aberta.

Construa um plano de marketing sólido antes de começar ativamente a procurar seus clientes. Siga seu plano rigorosamente, mas não tenha medo de fazer todas as mudanças ao longo do seu caminho e a medida que for aprendendo mais sobre o que realmente funciona.

- Entre outras coisas, é preciso determinar um orçamento de publicidade. Descubra o quanto você pode gastar em marketing antes de considerar quais meios de publicidade utilizar.
- Depois de determinar o quanto você pode gastar, é necessário descobrir a melhor maneira de usar esse dinheiro para alcançar o maior número de clientes potenciais em sua base de clientes.

2. Diversifique:

Não invista muito tempo e dinheiro em um único ponto do seu plano de marketing. Ao invés de trabalhar em um anúncio principal, a melhor opção seria criar vários anúncios menores, que oscilem entre os diferentes meios de marketing.

> Usar diversas formas de publicidade te permite alcançar um número maior de pessoas. Por exemplo, alguém que não mora em sua localidade pode não ver um anúncio publicado em um quadro de avisos local, mas pode ver um anúncio publicado na Internet.

> Além disso, quando os potenciais clientes ouvem algo sobre você de mais de uma fonte, eles tendem a ficar mais curiosos e propensos a conferir sua empresa.

3. Defina qual seria seu cliente ideal.

Crie uma imagem detalhada em sua mente sobre como seria o seu cliente "ideal". Pergunte a si mesmo que tipo de pessoa estaria mais propensa a comprar seu produto e apoiar a sua empresa.

1. Tente identificar pelo menos cinco características da sua base de clientes. Atributos comuns a considerar incluem a idade, sexo, estado civil, número de filhos (se houver), localização, área da carreira e interesses especiais.

2. Se você já possuir clientes atualmente, pense naqueles que são seus clientes mais leais. Pergunte a si mesmo quais características eles compartilham para ajudar a construir seu perfil de cliente ideal.

4. **Pergunte-se onde seus clientes se reúnem.**

Se quiser encontrar seus clientes ideais, você precisará encontrá-los em locais físicos e digitais onde eles normalmente se reúnem sem a sua influência.

- Tente pensar de três a cinco lugares onde seus clientes possam se reunir. Por exemplo, se sua base de clientes consistir principalmente de estudantes universitários solteiros, você talvez poderá encontrá-los nos campus mais próximos, em cafés e em bibliotecas.

- Faça um *"Brainstorm"* das diferentes maneiras de atingir seu cliente ideal nestes locais. Usando o mesmo exemplo, você pode considerar publicar um panfleto em um quadro de avisos comunitário ou em qualquer um dos locais que identificou de interesse.

5. **Estude a concorrência.**

Identifique alguns concorrentes de sucesso e veja como eles atraem a sua base de clientes. Analise as estratégias de mercado deles e determine quais aspectos talvez possam funcionar bem para a sua empresa.

- Como seus concorrentes provavelmente não estarão dispostos a compartilhar os segredos deles, você precisará pesquisar sozinho ao invés de perguntar a eles sobre isso.

- Procure o tipo de anúncios que eles usam e onde eles publicam estes anúncios. Tente rastrear a rede de profissionais que eles utilizam. Mesmo se você não conseguir encontrar números e estatísticas exatas, um pouco de pesquisa pode te dar ao menos uma ideia de por onde começar.

6. **Anuncie online.**

À medida que a sociedade se aproxima mais do mundo digital de forma constante, os anúncios online serão ainda mais importantes do que já são atualmente. Em particular, verifique os diferentes anúncios que você possa fazer com a ajuda dos meios das mídias sociais e dos serviços de anúncios profissionais oferecidos.

- Se você ainda não tiver criado uma presença digital, faça isso agora. Websites, blogs e contas em redes sociais para a sua empresa aumentam sua visibilidade, facilitando que os potenciais clientes conheçam seu negócio.

- Além disso, você também pode criar anúncios online para o seu negócio. Pesquise oportunidades como a publicidade pay-per-click, o Google Adsense ou os anúncios do Facebook.

7. **Considere os anúncios impressos.**

Anúncios impressos são uma forma relativamente barata de se libertar um pouco do mundo digital e voltar ao mundo real. Você pode enviar anúncios impressos em pequena ou em grande escala.

- Os jornais se enquadram no modelo de anúncio impresso de grande escala. No entanto, como as assinaturas de jornais vêm diminuindo, é importante pesquisar e se certificar de que seu público-alvo realmente leia o jornal em que você planeja divulgar um anúncio.

- Folhetos, cartazes, cartões postais e envios de malas-diretas por correio são outras opções que podem ser interessantes considerar. Estas opções tendem a ser bem acessíveis, mas você precisa descobrir a melhor maneira de postá-los ou enviá-los para que eles possam alcançar as pessoas do seu público-alvo.

8. **Pesquise sobre a televisão e o rádio.**

Comerciais de TV e rádio são duas formas bem populares de propaganda convencional, mas também podem ser bem caras. No entanto, você pode conseguir atrair clientes utilizando comerciais, dependendo do seu produto e da sua base de clientes ideal.

- Note que entre os dois, os comerciais de televisão tendem a ser a opção mais cara.

- Se você escolher usar estas formas de propaganda, familiarize-se com a programação no canal ou da estação de rádio que você pretende anunciar. Ao invés de fazer uma ampla campanha de marketing, foque sua campanha em um ou dois programas específicos que tenham mais chances de atrair seu público-alvo.

9. **Patrocine eventos relacionados.**

Se isso couber em seu orçamento, patrocine um evento que permita mostrar o seu produto aos potenciais clientes.

Para incentivar as pessoas a comparecer ao evento, você precisa se concentrar no planejamento de algo divertido ao invés de focar apenas no seu discurso de vendas.

- Por exemplo, se você quiser vender serviços de Buffet, ofereça-se para participar de um evento com boa quantidade de visitantes ou incentive empresas locais a organizar um novo evento que você possa participar. Por exemplo, você pode incentivar empresas de artesanatos e artesãos locais para realizar um evento de artesanato, e você pode oferecer a comida para este evento.

10. Compareça em eventos relacionados.

Fique atento em anúncios de feiras e outros eventos relacionados ao seu produto. Participe destes eventos e use-os como uma forma de conhecer potenciais clientes que já estejam interessados em sua área de serviços.

- Procure por grupos e organizações locais que possam se interessar em seu produto ou serviço e fique de olho nos eventos que eles organizam. Por exemplo, se você vende livros, pode querer participar de eventos organizados por grupos de livros locais ou grupos de redação.

11. Ofereça amostras.

Uma boa maneira de demonstrar o valor e a qualidade do seu produto é oferecer uma pequena amostra dele aos potenciais clientes que te contatarem. Se uma pessoa gostar muito da amostra, ela pode voltar a comprar uma quantidade maior ou uma versão melhor.

- Empresas de cosméticos, perfumaria e fabricantes de alimentos são conhecidas por usar esta prática. Pequenos cartões contendo uma amostra de perfume podem incentivar os potenciais clientes a comprar o frasco inteiro. Uma amostra grátis de doces pode incentivar os clientes a comprar uma caixa inteira.

12. **Atraia clientes potenciais oferecendo ofertas especiais.**

Envie cupons, vales-presente ou outras ofertas especiais para grupos que combinem com sua base de clientes ideal.

Quando alguém vir até você para resgatar o cupom, use a oportunidade para mostrar-lhe seu produto e transformar esta pessoa em um cliente fiel.

- Por exemplo, se você tem uma cafeteria oferecendo um café grátis com o uso de um voucher especial, tente incentivar as pessoas que resgatam a oferta a comprar algum salgado ou sanduíche junto com o café. Outra opção é oferecer a eles um cartão grátis de "cliente fiel" que permita que eles ganhem outro café grátis depois de comprar outros dez.

13. **Fale com seus amigos e família.**

Sua rede pessoal pode ser um bom recurso para usar na construção da sua rede de contatos profissional. Mesmo que as pessoas mais próximas não estejam interessadas em seu produto, elas podem conseguir te indicar para outras pessoas que estejam neste perfil de consumidor.

- Sua família e amigos também podem servir como uma forma barata de propaganda. Se elas experimentarem seu produto e realmente gostarem dele, estarão mais propensas a recomendá-lo para outras pessoas que conhecerem. A ligação pessoal que elas têm com você normalmente podem aumentar o desejo delas em te ver prosperar.

14. Contate os clientes atuais.

Conheça seus clientes atuais um pouco melhor. Descubra o que fez com que eles se sentissem atraídos por sua empresa e o que eles atualmente gostam e não gostam sobre ela. Adapte este seu plano de marketing com base em suas conclusões gerais.

- Lembre-se sempre de que todos são diferentes, por isso a experiência de um cliente pode não ser parecida com a experiência de outro cliente. Ao invés de tentar alterar a sua campanha de marketing para atender melhor as peculiaridades de cada pessoa, concentre-se apenas nos pontos comuns entre a maioria dos clientes.

15. Organize um programa de indicações.

Incentive os seus clientes atuais a convidar novos clientes para o seu negócio, oferecendo-lhes recompensas por estas indicações. Para a maioria dos programas de indicação, tanto o cliente que indica quanto o cliente que recebe a indicação podem receber uma recompensa de algum tipo.

- Por exemplo, você pode oferecer aos clientes existentes 10% de desconto em suas próximas compras com cada indicação, enquanto os novos clientes indicados poderão receber um desconto de até 5%.
- Outra opção seria oferecer um pequeno presente ou vale-presente para cada indicação. No entanto, certifique-se de escolher algo que seu público-alvo irá provavelmente apreciar ou utilizar.

16. Faça parcerias com outras empresas.

Encontre empresas que atraiam sua base de clientes ideal sem competir diretamente com você. Organize um acordo entre vocês que permita que ambos se beneficiem em promover os produtos ou serviços um do outro.

- Por exemplo, se você vende cosméticos, há chances dos seus clientes se encontrarem em locais como salões de beleza, lojas de roupas, lojas de perfumaria e joalherias. Estas lojas estão relacionadas ao seu negócio através da sua base de clientes, mas como elas não vendem o seu produto (cosméticos), não são concorrentes diretas.

- Tente realizar um acordo com uma ou mais destas empresas. Ofereça um desconto ou um produto grátis aos clientes dessa empresa, informando-os de que eles precisam visitar sua empresa para resgatar a oferta. Em troca, ofereça-se para indicar seus clientes a esta empresa, tornando o acordo mutuamente benéfico.

17. Procure Feedback.

Ao longo de cada parte do processo, sempre procure obter os feedbacks de seus clientes, potenciais, funcionários e parceiros de negócios. Analise esses comentários cuidadosamente e os use para determinar se você precisa fazer quaisquer outras alterações pertinentes.

- O #feedback" é especialmente importante quando um potencial cliente prefere não comprar de você. Busque o porque do real motivo aquela pessoa específica decidiu não fazer a compra naquele momento, para que assim você possa melhorar os recursos que provavelmente não foram bem aceitos.

Capítulo VII

A importância de desenvolver o mercado internacional

Temos no Brasil uma concentração de pessoas com um elevado poder de consumo, ação esta que não observamos no restante do mundo.

Se quisermos e necessitarmos expandir para novos horizontes comerciais, temos que buscar essa prospecção em países com alto nível de poder aquisitivo. No capítulo anterior fizemos algumas referencias de como obter estes clientes e entender melhor o seu perfil de consumo.

Para que obtenhamos sucesso, nossos produtos e serviços deverão estar em conformidade com as leis brasileiras e às que também regem o comércio exterior, considerando as possíveis deliberalidades de cada região para qual a curto prazo ingressaremos.

Ainda que muitas empresas estejam exportando seus produtos, a desinformação continua exacerbada e carente de incentivos para esta modalidade de operação.. A resistência chega a ser gritante para alguns produtos. Tais quais, as leis que os limitam na sua comercialização para estes países. Produtos muito controlados. Rigor no processo fabril. Preços pouco competitivos, entre outros fatores.

Estar comercializando com o mercado internacional traz uma riqueza muito grande na expansão de marcas e patentes. A diversificação de mercados. A redução da dependência com relação a este ambiente local. Assimilação de melhores práticas gerenciais. Promoção da imagem da empresa. Aumento da produtividade. Aumento da capacidade inovadora. Melhoria da qualidade. Conhecimento de tendências de mercado. Inclusão em cadeias produtivas globais.

Ao decidir entrar no mercado internacional é de suma importância o registro de sua marca, o registro da patente de seu produto e a viabilidade do comércio a ser realizado por meio da Exportação direta, indireta, agindo para o licenciamento adequado de suas marcas e de suas patentes.

Todo empreendedor ao registrar sua marca, seja para a comercialização no mercado doméstico, seja para o comércio exterior está protegendo o seu patrimônio, além de orientar o consumidor em suas escolhas, e tornar o seu serviço ou a sua empresa reconhecida nos países alvo, o registro de uma marca proporciona ao seu titular o direito de agir contra o seu uso indevido, protegendo o empresário de concorrência desleal.

As marcas desempenham uma função importante nas estratégias de *"Branding"* e marketing das empresas, pois contribuem para a definição da imagem e da reputação de produtos de uma empresa.

Sugerimos aos empreendedores que busquem nos *links* informações sobre como fazer o registro da marca em território nacional, acessando o site do Instituto Nacional de Propriedade Industrial (INPI).

O site do INPI disponibiliza um Guia Básico de Marca.

O registro da marca no INPI protege a marca em território nacional.

Quando o empreendedor decide exportar seu serviço ou internacionalizar sua empresa, há a necessidade de registrar a marca internacionalmente. O empresário deve efetuar uma **"*busca de marcas*"** nos **Departamentos de Marcas dos países alvo** para verificar se a marca de seu serviço ou de sua empresa é passível de ser registrada nos mercados alvo.

"Preferencialmente antes do seu depósito e de eventual lançamento e divulgação nos meios de comunicação".

Capítulo VIII

Os principais desafios e obstáculos a serem superados.

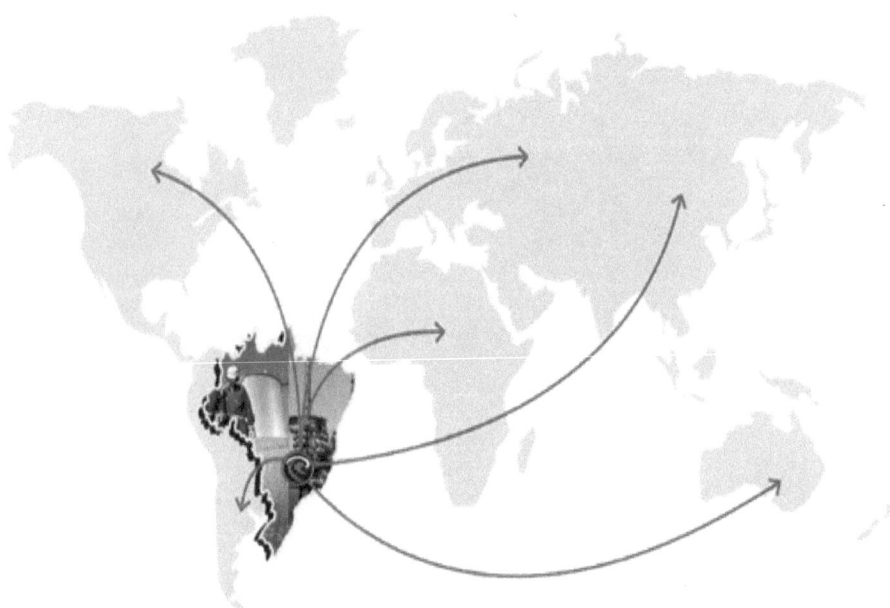

Na tentativa de vender produtos e serviços a novos consumidores, as empresas geralmente tentam atingir novos públicos, como mercados estrangeiros. No entanto, a entrada em um país estrangeiro pode ser complicada, pois o negócio precisa se adaptar a uma nova clientela, a suas obrigações jurídicas e a uma concorrência localizada. Para tornar o processo mais fácil, há alguns métodos simples que as empresas podem usar quando se lançam em um mercado fora de seu país.

Muitas vezes um pequeno empreendedor desiste de adentrar no mercado internacional em virtude da dificuldade em estar com sua empresa rigorosamente em ordem com o fisco e a aduana. Muitas vezes possui um excelente produto, mas não tem produção suficiente para atender o mercado interno e muito menos o externo. Desiste de ultrapassar as barreiras e aborta na primeira dificuldade em pelo menos tentar.

Considerando-se que hoje temos a oportunidade de investir em países como Portugal que a cada ano cresce o volume de seus incentivos para aqueles que de fato tem interesse em expandir a sua economia, buscamos um elo de entendimento que venha a atender as necessidades deste país e de todos os empreendedores que não dispõem no momento de recursos para ingressar neste mercado internacionalizado com bom volume de vendas e com todas as documentações em tempo hábil.

Algumas formas de atuação nos mercados internacionais:

7. **Empreendimento conjunto**

Um dos modos mais comuns de entrada é estabelecer um empreendimento conjunto, no qual duas empresas unem recursos para vender seus produtos ou serviços. Muitos países com economias estritamente controladas, tais como a China, geralmente exigem que as multinacionais firmem parcerias com uma companhia local caso desejem vender produtos aos seus cidadãos. Embora empreendimentos conjuntos propiciem às empresas estrangeiras parceiros com experiência no mercado externo, estas parcerias podem ser complicadas de se administrar e requerem divisão de lucros.

8. **Exportação**

Em vez de optar por uma parceria ou pelo licenciamento, algumas empresas simplesmente vendem seus produtos para distribuidoras no exterior, as quais os revendem para os consumidores. O método de exportação protege a empresa da obrigação de ter que investir dinheiro em instalações para produção no mercado exterior, mas os custos de transporte e tarifas alfandegárias podem tornar este método não rentável para alguns produtos.

9. **Internet**

Muitas empresas tentam entrar em mercados externos por via indireta, mirando consumidores estrangeiros pela internet. Assim como na exportação, as companhias mantém suas operações físicas no país de origem, mas enviam produtos para o exterior. No entanto, enquanto na exportação as empresas fazem contratos com companhias locais, com a internet elas recebem os pedidos diretamente dos consumidores. A vantagem deste método é que os custos são relativamente baixos, exigindo apenas o custo da manutenção de um site e de propaganda. A desvantagem é que o comércio via internet mostra-se normalmente menos eficaz do que estabelecer uma presença física no mercado estrangeiro.

Adquirindo ativos estrangeiros

Muitas empresas, ao invés de se lançarem em uma empreitada totalmente nova no mercado estrangeiro, simplesmente compram ou investem em uma companhia estrangeira. Embora em muitos casos isso seja mais caro, a provisão de investimentos diretos faz com que a companhia investidora tenha lucro com um negócio que já está bem integrado ao mercado local.

Licenciamento

No modo de entrada por licenciamento, as multinacionais assinam contratos com as companhias locais, chamados de licenças, que autorizam as multinacionais a fabricar e comercializar produtos legalmente, em nome das companhias locais. As multinacionais podem adquirir o direito total de licença, pagar taxas regularmente ou ceder uma porcentagem dos rendimentos, com o passar do tempo, na forma de royalties. Geralmente utilizado por indústrias, o licenciamento permite à empresa entrar rapidamente e sem custos altos em um mercado, mas dá a ela pouco controle sobre os produtos no mercado exterior.

Dentro destas possibilidades, entendemos que o licenciamento seja a maneira mais rápida, de formatar um processo operacional mais seguro, estabelecendo um nicho de trabalho denso para que os escritórios especializados em licenciamento e proteção de marcas possam fazer o seu trabalho de auditoria em um nível de eficácia otimizado, conquistando desta forma, o seu objetivo principal, que é manutenção da qualidade e a disseminação destes seus produtos, utilizando-se da melhor política conhecida para a visibilidade e conquistas de seus novos clientes.

Capítulo IX

As oportunidades do comércio exterior – Licenciamento de Marcas.

O licenciamento de marcas é uma oportunidade tanto para as empresas detentoras das marcas, que ganham royalties com sua licença, como para empresas que desenvolvem produtos ou serviços e podem agregar valor aos mesmos por meio da aplicação de uma marca, imagem ou personagem.

Segundo dados da Associação Brasileira de Licenciamento – ABRAL, o Brasil tem hoje cerca de 1.500 empresas licenciadas e 700 licenças disponíveis distribuídas entre 60 agências para licenciamento. Esse número cresce. As oportunidades de ganho giram em torno de 6% a 20% de royalties.

O Processo de Licenciamento

O licenciamento é um contrato por meio do qual um licenciado arrenda os direitos de parte de uma propriedade intelectual protegida (nome, imagem, logotipo, personagem, ou composição de mais de um destes elementos) para o seu licenciamento, que representa o dono ou detentor da propriedade, para usarem em um produto ou serviço.

Os tipos de propriedades licenciados mais comuns são: arte, personagens (cinema, TV, videogame, desenhos animados), colegial, moda, música, esportes (times, atletas) e sem fins lucrativos (museus, universidades, dentre outros). Segundo a Associação Brasileira de Licenciamento – ABRAL, os segmentos que mais utilizam o licenciamento no Brasil são confecção, papelaria e brinquedos, seguidos por calçados, higiene e beleza e alimentação.

As propriedades mais exploradas no mercado brasileiro são as relacionadas a entretenimento, como filmes, desenhos animados e HQs, destinado primordialmente ao público infantil. Segundo a Licensing Brasil Meeting, estas opções respondem por cerca de 70% do mercado de licenciamento. Para ilustrar a dimensão deste mercado, pode-se citar o caso da Disney, que é um dos maiores licenciadores de personagens do mundo e, hoje, fatura mais com o licenciamento de produtos estampados com suas marcas e personagens, do que com a bilheteria de suas animações.

MICRO E PEQUENOS EMPREENDEDORES

A maioria das micro e pequenas empresas se enquadram como licenciados, ou seja, são fabricantes ou prestadores de serviços que podem agregar valor ao seu produto ou serviços por meio da associação, por exemplo, com um personagem famoso de desenho animado ou a criação de algum artista aplicada a seus produtos. As possibilidades são inúmeras.

No entanto, o processo de licenciamento tem condições e termos que devem ser respeitados por ambas as partes. O licenciado deve pagar uma remuneração financeira ao licenciador, que pode ser um percentual sobre as vendas do produto (royalties). Em alguns contratos, é estabelecido ainda uma garantia ou valor mínimo a ser pago, independente da receita de vendas.

A empresa que pretenda licenciar uma propriedade deve fazer uma análise financeira sobre a sua viabilidade, ou seja, considerar os seguintes aspectos:

- Volume de vendas previsto com a aplicação da propriedade em seu produto ou serviço;
- Custos envolvidos com a produção (as exigências do licenciador para aplicação da propriedade e modificações necessárias no produto ou serviço, por exemplo);
- Distribuição (será necessário acionar novos canais de distribuição?);
- Remuneração do licenciador ou agente.

Uma empresa que queira ser licenciada deve anteder a alguns pré-requisitos:

> Produtos devem ser para todos os públicos;
> Ter uma boa relação qualidade x preço justo;
> Ter mix e sortimento de produtos;
> Capacidade e flexibilidade produtiva;
> Timing de suprimento e distribuição.

As principais condições do licenciamento são as seguintes:

1. Não poderá haver associação de marca, ou seja, a empresa licenciada não pode colocar sua marca, apena seu nome na etiqueta;
2. Não haverá exclusividade para o uso das propriedades licenciadas;
3. Será cobrado royalties sobre as vendas líquidas mensalmente;
4. Deverá ser pago um valor mínimo garantido em parcelas.

Aqui também vale a recomendação anterior de que, como se trata de um investimento a ser feito pela empresa que venha a ser licenciada, deve-se fazer um pequeno plano de negócio para mensuração da relação custo-benefício.

Portanto, acreditamos que em virtude dos preços praticados no mercado nacional, incidência de altos percentuais de tributos, logística, condições financeiras, estocagem e mão de obra, baixo nível de evolução tecnológica, a obsolescência de parques industriais, tornou a exportação de alto custo desmotivando o mercado internacional.

Dai a alternativa menos onerosa mas de grande feito é a expansão comercial por meio do licenciamento. É claro que o trabalho em conjunto com o marketing será fundamental para que a marca tenha reconhecimento mundial, e que as portas de industrias internacionais estejam abertas e dispostas a fabricar os produtos e marcas dos licenciados.

"Quando o número de oportunidades lucrativas diminui até o ponto de impedir a expansão da empresa ou quando o mercado doméstico está saturado, é preciso buscar novos locais para se expandir. Se a expansão vertical é descartada por não ser lucrativa ou incerta, o caminho a seguir é a expansão geográfica. Assim, o processo de internacionalização é visto como uma sequência de passos visando à aprendizagem sucessiva por etapas de comprometimento continuo com os mercados estrangeiros. "

Capítulo X

O sucesso está na importância que você dá a sua Marca

Quantas vezes nos deparamos com pessoas preocupadas com sua imagem frente a uma *selfie ou* simplesmente numa foto 3 x 4 daquelas que utilizamos no nosso documento de identidade. Muitas. Uma empresa também tem que ter essa preocupação com a imagem que ela vai publicar para seus consumidores. A marca é sinônimo de sua identidade, é o patrimônio maior que uma empresa poderá ter ou perder.

Valorizar este símbolo que muitas vezes vem transcrito em palavras ou sinais, demanda cuidados especiais com sua forma e essência. É o que irá nos referenciar como empreendimento de sucesso.

Essa comparação entre nossa imagem pessoal e a da nossa empresa é muito interessante. Ilustra a situação de alguns empreendimentos que não tem uma identidade bem construída. Ou cujo responsável pelo negócio não se importa em manter uma boa imagem.

Afinal, através da imagem no documento de identidade se faz um reconhecimento abrangente do indivíduo. Ela nos permite perceber idade aparente, sexo, raça, porte físico. Da mesma forma se a marca da sua empresa é bem elaborada e cuidada, contribui para um bom desempenho pois através dela iremos identificar a sua finalidade e contribuição sócio econômica. E isso reflete na performance de vendas de produtos ou serviços. Para você conseguir isso o seu cliente tem que perceber o valor que a identidade da sua empresa transmite em símbolos, letras, slogan, missão, visão e valores.

A sua marca que expressa a sua identidade empresarial perante seus potenciais consumidores.

Marca – Atribuindo valores e obtendo sucesso.

Preservar a imagem de uma empresa vai além dos cuidados com suas instalações que devem ser projetadas com o zelo de respeitar as leis trabalhistas, cuidados com sua identidade visual, pessoal treinado e capacitado, atendimento cordial, uniformizados e identificados com seus crachás, é preciso mais do que tudo isso valorizar a sua marca, sua identidade, seu maior patrimônio.

Vejamos o exemplo da marca Coca-Cola, certamente famosa por seu brilhante trabalho de valorização de sua imagem. O produto em si nem é tão comentado mas sim os efeitos que sua marca produz no mundo todo.

Muitas marcas de grandes empreendimentos valem mais do que todas as suas instalações estruturais, máquinas, equipamentos e *know how*. Todas as estruturas físicas de uma grande multinacional poderá ter seu valor de mercado menor do que a sua própria marca. De acordo com a revista Forbes, a marca mais valiosa no planeta é a Apple, atingindo US$ 178,119 bilhões.

Em 2017 o ranking das maiores marcas do Brasil, destacavam nas primeiras posições Itaú, Bradesco, Skol, Brahma e Banco do Brasil.

Valor – De que forma uma marca poderá construir valores?

Para que possamos elucidar a forma como poderemos valorizar um produto, citamos abaixo uma determinada situação. Reparem que a ideia foi baseada em criar valor a um objeto que inicialmente não possuía qualificação nenhuma. Demos ao produto um valor sentimental o que trouxe ao consumidor um modo diferente de apreciar e encontrar no produto uma utilidade. Vejam.

Para elucidar a forma como buscamos dar valor a uma marca, vamos supor que hoje seja o seu aniversário e que você seja um grande amigo. E para celebrar o seu aniversário irei lhe presentear com uma cápsula vermelha cujo interior tem água.

Você imediatamente pega a cápsula e pensa: "Sério?"... que presente legal. E com um sorriso sem graça diz: "tá, mas e aí?", super desinteressado olhando para a cápsula.

E aí eu te digo: "se lembra de quando escalei o Monte Everest? Trouxe de lá, do topo, só para você, por lhe considerar um grande amigo".

A partir desse momento, a capsula, de cor vermelha, contendo água no seu interior, passa a ter um significado: o de exclusividade e imediatamente o que não apresentava nenhum valor, agora possui.

Meu amigo deixou de lado a sua indiferença e explora seu formato, cor e a curiosidade para saber sobre o liquido que contem no seu interior.

Segura seu presente de forma diferenciada como se fosse um diamante. E, no entanto não passa de uma capsula reaproveitada com água de torneira no seu interior...

Podemos então, concluir que o valor para seu produto, sua marca é possível de se arbitrar a partir do momento em que contamos uma estória sobre o mesmo, com propriedade e segurança.

No momento em que passamos a ter um produto e este ser objeto de trabalho de um especialista em marketing e em branding sua marca terá uma identidade que lhe permitirá ter um valor.

Valor ao seu produto e sua marca é você quem atribui no momento em que você conhece o que faz e saber aonde posiciona-lo numa escala de produtos e marcas similares.

A essa combinação de atributos chamamos de *storytelling*, cujo significado é contar histórias.

Explicando, é a capacidade de se contar histórias de efeitos relevantes para situações nem tão importantes mas que da forma como se é contado, com a propriedade e riqueza das palavras, faz com que haja uma conexão importante entre o produto e a pessoa que vai consumi-lo.

O conceito sobre storytelling, ainda que antigo, nos demonstra que o ser humano é e sempre será capaz de persuadir outras pessoas com suas opiniões e histórias. Capaz de ganhar atenção e conduzir a formação de opiniões e consumo.

Capítulo XI

O valor da internacionalização de sua Marca.

Neste contexto, desde a geração de uma grande ideia, sua produção e comercialização, vimos a importância de se ter um posicionamento adequado de marcas e produtos. Para que se possa ter um real dimensionamento da importância do mesmo numa cadeia de consumo, é necessário conhecer o produto e seus potenciais consumidores e quanto estão dispostos a pagar para adquirir.

No Brasil temos uma carga tributária que impede muitas empresas de prosperarem com seus negócios. Não há uma legislação única e a cada estado e município tem-se a criação de dezenas de novos decretos e leis que coíbem o crescimento e o desenvolvimento de novos produtos. Inovação no Brasil é raridade.

No entanto, as empresas brasileiras estão passando por momentos de transição. Muitas estão buscando em países europeus como é o caso de Portugal, o seu novo caminho para investimentos.

Levar seus produtos brasileiros para fora do país não é tão fácil e simples devido a fatores que desfavorecem a comercialização como por exemplo a carga tributária elevada, os custos dos produtos ficam fora do mercado competitivo externo. Além de outros envolvidos tais como: frete local e internacional, seguro, despachantes, pessoal interno para administração, traduções de materiais, adequação de embalagens, e sem duvidas as boas práticas de fabricação dos países aos quais se pretende exportar. Logo, as exportações deixam de ser atraentes.

Além deste fator, muitos produtos não possuem uma marca relevante no comércio externo, o que demandaria um esforço maior para colocar no mercado. Os fatores desmotivantes são na sua maioria limitantes a expansão.

Sob o aspecto cultural é imprescindível observar e respeitar as diferenças culturais dos diversos países de destino. Estes aspectos culturais são incorporados pela marca contribuindo para sua evolução e aprimoramento. Esta evolução se observa tanto nos atributos de produto e embalagem quanto na própria estratégia de comunicação da empresa.

Resta então buscar meios de tornar a marca internacionalmente conhecida e reconhecida capaz de atrair consumidores dispostos a pagar por um novo produto. Uma maneira mais econômica é o licenciamento de marcas. Por meio deste mecanismo muitas marcas acabam buscando parceiros investidores externos e as licenciam. Preferem receber *royalties* do que investir numa planta industrial que demandaria tempo e recursos escassos.

No caso do licenciamento a proteção da marca e do desenho industrial é fundamental para garantir a propriedade do produto, caso contrário, com a espionagem industrial o projeto acaba sendo todo modificado, perdendo-se a forma e essência e sua propriedade passa a ser de terceiros. O controle, auditando os processos é fundamental para este tipo de negócio.

Internacionalizar marcas é interessante para quem vai produzir estando em mercado internacional pois tem a possibilidade de produzir conforme a demanda, aumenta a capacidade de contratação de mão de obra, gira a economia local, fortalece o estado ou o país que irá produzir aumentando a arrecadação e torna a marca conhecida com visibilidade notória.

A entrada de uma marca em outros países aumenta sua exposição tanto para os consumidores locais quanto para estrangeiros. A distribuição internacional significa para o consumidor estrangeiro o acesso àquela marca em seu País, e para o consumidor viajante conterrâneo, uma maior frequência de exposição aliada ao fato de a marca carregar em si a representação de seu País de origem, ampliando assim o valor percebido da marca.

No âmbito corporativo, a internacionalização significa racionalização de processos, aumento de produtividade, globalização da cadeia de suprimentos, traduzindo-se em melhoria de custos, aumento de lucros e resultando no maior valor do empreendimento. Para investidores, marcas internacionais significam canais de distribuição em diversos países, proteção do investimento em relação a flutuações cambiais, economia de escala e novas alternativas de realização de lucros, trazendo mais segurança ao investimento e maior valor para o acionista.

A internacionalização de uma marca é, portanto, estratégia de sucesso para geração de valor em várias dimensões: consumidor, empresa e investidores.

Assim encerro este primeiro exemplar de muitos outros que virão. Espero que tenha alcançado milhares de pessoas que neste momento estão buscando empreender, investir, ou simplesmente ainda se encontra em duvidas para qual caminho trilhar.

Pode ter certeza de que foi elaborado tendo em mente a profissionalização de seu negócio, valorizando sua marca e produtos e inspirando a expandir seus negócios por meio da trajetória até chegar a internacionalização.

A todos, deixo algumas frases de grandes empreendedores que alcançaram seus objetivos buscando a valorização de sua marca e identidade.

Gratidão!

Vall Dias.

Amyr Klink

"Um dia é preciso parar de sonhar, tirar os planos da gaveta e, de algum modo, começar."

Carlos Wizard Martins

"Você deve pensar grande e começar pequeno."

Peter Drucker

"Para ter um negócio de sucesso, alguém, algum dia, teve que tomar uma atitude de coragem."

Simon Sinek

"Pessoas não compram o que você faz. Elas compram o porquê você faz."

Ann Landers

"Normalmente as oportunidades estão disfarçadas de trabalho duro, é por isso que a maioria das pessoas não as reconhecem."

Bill Gates

"O sucesso é um mestre terrível. Convence às pessoas inteligentes a pensar que não vão perder."

Mary Kay Ash

"Finja que todas as pessoas que você conhece estão andando por aí com uma placa no pescoço que diz: 'Faça eu me sentir importante'. Você terá muito sucesso não somente em vendas, mas na vida."

Zig Ziglar

"É mais fácil explicar o preço uma vez do que se desculpar por qualidade para sempre."

Scott Cook

"Uma marca não é mais o que nós dizemos que é, e sim o que os consumidores dizem uns aos outros sobre o que ela é."

Steve Jobs

"Às vezes, quando você inova, comete erros. É melhor admiti-los rapidamente e continuar a melhorar suas outras inovações."

Peter Schutz

"Contrate caráter. Treine habilidades."

Drew Houston

"Não se preocupe com o fracasso, você só precisa estar certo uma vez.

Leo Burnett

"Faça simples. Faça memorável. Faça convidativo ao olhar. Faça divertido para ler."

David Meerman Scott

"Marketing não é sobre a sua empresa ganhar prêmios, é sobre sua empresa ganhar negócios."

Walt Disney

"Todos os seus sonhos podem se tornar realidade se você tiver coragem para persegui-los."

Rubens Ometto

"Gerir um botequim e uma empresa dá o mesmo trabalho? Depende, fazer bem feito sempre dá o mesmo trabalho"

Nizan Guannaes

"É melhor aproximadamente agora do que exatamente nunca."

Larry Page

"Sempre entregue mais do que o esperado"

Jeff Bezos

"A questão comum que é perguntada nos negócios é 'Por quê?'. Essa é uma boa pergunta, mas uma resposta igualmente válida é 'Por que não?'"

Sakichi Toyoda

"Antes que diga que não consegue fazer alguma coisa, experimente."

Warren Buffet

"Ao procurar pessoas para contratar, você busca três qualidades: integridade, inteligência e energia. Se elas não têm a primeira, as outras duas matarão você."

Ronald Reagan

"O melhor líder não é necessariamente aquele que faz as melhores coisas. Ele é aquele que faz com que pessoas realizem as melhores coisas."

Linus Pauling

A melhor maneira de ter uma boa ideia é ter muitas."

Luiza Trajano

"Uma boa ideia é muito mais difícil de encontrar do que dinheiro. Por isso, se você acredita na viabilidade da empresa que pretende abrir, seja perseverante."

Romero Rodrigues

"O fundamental é manter sempre a mesma obsessão em alcançar o sucesso. Ter sucesso não é apenas ter dinheiro, mas sim saber que uma ideia que parece impossível pode vir a ser uma empresa que irá quebrar paradigmas".

Raphael Klein

"O Brasil é um país onde o rápido engole o lento. Não onde o grande engole o pequeno."

Flávio Augusto

"O liderado será reflexo da sua liderança, então quem espera lealdade, primeiro deve ser leal."

Arthur Ashe

"Uma chave importante para o sucesso é a autoconfiança. Uma chave importante para a autoconfiança é a preparação."

Gordon Moore

"Na engenharia, eu vejo o fracasso de um ano como uma oportunidade de tentar novamente no ano seguinte. O fracasso não é algo a ser evitado, você quer que ele aconteça bem rápido para que você possa progredir rapidamente."

Albert Einstein

"O único lugar onde o sucesso vem antes do trabalho é no dicionário".

Pablo Picaso

"A inspiração existe, mas tem que te encontrar trabalhando." .

www.ingramcontent.com/pod-product-compliance
Lightning Source LLC
Chambersburg PA
CBHW030651220526
45463CB00005B/1728